Fernando Carraro

Sumiço no estádio

Sumiço no estádio – 1ª edição

EDITORA FTD S.A.
Matriz: Rua Rui Barbosa, 156 – Bela Vista – São Paulo – SP
CEP 01326-010 – Tel. (0-XX-11) 3598-6000
Caixa Postal 65149 – CEP da Caixa Postal 01390-970
Internet: <www.ftd.com.br>
E-mail: ciencias.naturais@ftd.com.br

Diretora editorial
Silmara Sapiense Vespasiano

Editora
Débora Lima

Editora adjunta
Luciana Guimarães

Editoras assistentes
Liege M. S. Marucci
Luiza Sato

Assistentes de produção
Ana Paula Iazzetto
Lilia Pires

Assistentes editoriais
Claudia C. Sandoval
Silvia Elena de Souza

Preparadoras
Claudia Yumiko Anazawa
Edna Viana
Eliza Hitomi Yamane
Fernanda Rodrigues
Lucila Vrublevicius Segóvia
Márcia Aparecida F. Anjo
Marta Lúcia Tasso
Sônia Rodrigues Cervantes

Revisores
Carolina Manley
Célia R. N. Camargo
Enymilia Guimarães
Fernando Cardoso
Rita Lopes
Sirlei S. Panochia
Solange Pereira

Coordenador de produção editorial
Caio Leandro Rios

Editor de arte, projeto gráfico e capa
Carlos Augusto Asanuma

Ilustrações de capa e miolo
Marcos Guilherme

Iconografia
Supervisora: Célia Rosa
Pesquisadora: Leticia Palaria

Editoração eletrônica
Diagramação: Carlos Augusto Asanuma
Márcia Muniz da Mata Cozzo
Tratamento de imagens: Eziquiel Racheti

Gerente executivo do parque gráfico
Reginaldo Soares Damasceno

Dados Internacionais de Catalogação na Publicação (CIP)
(Câmara Brasileira do Livro, SP, Brasil)

Carraro, Fernando
Sumiço no estádio / Fernando Carraro. – 1. ed. – São Paulo : FTD, 2013.

Bibliografia
ISBN 978-85-322-8584-3

1. Ciências (Ensino fundamental) 2. Saúde I. Título.

13-05507 CDD-372.35

Índices para catálogo sistemático:
1. Ciências : Ensino fundamental 372.35

Para crianças, jovens e adultos
vítimas do tráfico de pessoas.
Para todos – ONGs, voluntários
e agentes do governo – que se
dedicam a combater esse crime
abominável e desumano.

Fotos: ruzanna/Shutterstock/Glow Images

[...] A pipoca não imagina aquilo de que ela é capaz.
Aí, sem aviso prévio, pelo poder do fogo, a grande transformação acontece: PUF!! – e ela aparece como outra coisa, completamente diferente, que ela mesma nunca havia sonhado. [...]

[...] Assim acontece com a gente.
As grandes transformações acontecem quando passamos pelo fogo.
Quem não passa pelo fogo fica do mesmo jeito, a vida inteira. [...]

Rubem Alves. A pipoca. Projeto Releituras. Extraído do *site*: <www.releituras.com/rubemalves_pipoca.asp>. Acesso em: 14 jan. 2013.

Fotos: ruzanna/Shutterstock/Glow Images

Sumário

BRASIL

1. Futebol: paixão nacional

E que paixão! Sem falar na alegria que as notícias de outubro de 2007 trouxeram, emocionando o país:

COPA DO MUNDO DE 2014 NO BRASIL!

Todo mundo sabe que brasileiro adora futebol. Mesmo quem não entende nada do assunto gosta de dar palpites. Sem falar da garotada, que a toda hora quer jogar bola!

Na casa de Dedê, um garoto alegre de 8 anos, não era diferente. Não faltava uma bola de futebol para ele brincar dia e noite. Depois que Dedê fazia a lição de casa, dona Abigail, mãe do garoto, deixava-o jogar com os vizinhos. E adivinhe só o assunto animado da conversa da garotada: a Copa do Mundo no Brasil, é claro.

2. Uma família simples

Dona Abigail, mãe de Dedê e de dois adolescentes, trabalhava como merendeira numa escola estadual de Ensino Fundamental no bairro. Ela levantava todos os dias bem cedo para ir trabalhar. Na cozinha industrial da escola, ajudava a preparar as refeições para as centenas de crianças que estudavam ali. Muitas delas eram de famílias tão carentes que a refeição principal (ou única) era a merenda escolar. Ela cuidava com muito carinho da criançada da escola sem descuidar da família.

Seu Oderval, seu esposo, tinha 38 anos e trabalhava como pipoqueiro no principal estádio de futebol da cidade. Estava feliz, porque o movimento e as vendas estavam aumentando.

Os irmãos de Dedê, Adaísa e Adair, eram bem dedicados aos estudos. Ada, como era conhecida a linda moça de 17 anos, tinha muitos amigos e trabalhava em *telemarketing*. O irmão, Adair, de 16 anos, já procurava trabalho para ajudar a família. Mas o "queridinho" de toda a família era mesmo o caçula, Abderval, o Dedê, de 8 anos. Um tanto desinteressado nos estudos, não ia muito bem na escola. Também era meio distraído e não prestava muita atenção ao que se passava em volta dele. Alegre e ativo, não parava um minuto. Como sabemos, adorava jogar futebol.

3. O trabalho do pai

Numa manhã de sábado, Dedê foi com o pai Oderval até o estádio onde ele trabalhava.

Fanático por futebol, o menino aproveitava, sempre que podia, a oportunidade de acompanhar o pai até as proximidades do estádio de futebol. O mais legal era que o carrinho do Oderval ficava muito bem posicionado, logo na entrada do estádio.

Enquanto Oderval trabalhava, Dedê, do lado de fora do grande estádio, ficava chutando bola e sonhando que era um craque famoso.

O garoto havia escolhido um lugarzinho sossegado, um espaço coberto e protegido do sol forte do dia, para treinar suas jogadas. O pai, atento, ficava de olho no filho.

O movimento do lado de fora do estádio era bem grande naquele dia.

Os fregueses começavam a se amontoar, e muitas pessoas cercavam o carrinho do Oderval.

– Filho, onde você está? Fique perto de mim, viu, Dedê? – gritou Oderval, na ponta dos pés, numa tentativa ansiosa de localizar o filho ao olhar por cima da cabeça dos fregueses que o rodeavam.

Oderval aproveitava aquela agitação de fregueses para obter o dinheiro do aluguel da casa, procurando prestar atenção ao que as pessoas pediam.

– Uma pipoca doce, moço! – pediu uma garotinha que acompanhava o pai para ver o clássico daquele dia.

– Uma com muito sal! – pediu um rapaz usando a camisa do seu time.

– E pode ver uma garrafinha de água? – Oderval vendia água geladinha também.

E lá foi ficando Dedê sozinho, chutando muitas bolas a gol embaixo da cobertura que o protegia do sol forte.

4. A cilada de um convite

Um homem desconhecido, de barba por fazer, mas muito bem vestido, aproximou-se do menino.

– Ei, garoto! – chamou o homem.

– Eu não posso falar com estranhos. – respondeu Dedê.

– Não sou estranho... é que você não me conhece, mas estou sempre por aqui. Estou distribuindo bolas de futebol novinhas aqui perto. Quer uma? Vi que joga bem!

– O senhor acha que eu jogo bem?! – alegrou-se Dedê. – Meu pai tá ocupado... acho que não tem problema eu ir pegar uma bola, né?

– Claro que não! Vem cá, meu carro está logo ali.

A convite do desconhecido, o menino entrou sem hesitar numa *van* em busca do presente prometido. Não vendo nenhuma bola e notando que os vidros eram recobertos por uma película muito escura, Dedê começou a achar que havia algo errado. Ficou mais certo disso quando o carro arrancou a toda velocidade pela rua. Percebeu que não conseguia ver o motorista porque havia uma espécie de grade escura, separando-o do resto do carro, que barrava a passagem e a visão. Para onde o homem o estaria levando? E seu pai? Será que viu o que tinha acontecido? Entrando em desespero, começou a gritar e a bater no vidro, pedindo socorro.

– Paiiiiii! Socorro! Alguém me ajude!

Infelizmente, ninguém ouviu os gritos de Dedê. Depois disso, não foi mais visto no local.

Alguns minutos depois, Oderval percebeu que o filho não estava mais ali perto dele. Sem saber para onde Dedê tinha ido, gritou:

– Dedê!!! Cadê você? – e saiu perguntando para todo mundo.

Ninguém sabia do paradeiro de Dedê. O que teria acontecido com ele?

5. E agora, o que fazer?

Até pouco tempo, era preciso esperar 24 ou 48 horas para registrar um desaparecimento. Hoje, assim que a pessoa desaparece, é dever da polícia registrar um boletim de ocorrência (BO) e imediatamente começar a busca. O período inicial é muito importante para encontrar um desaparecido.

Os pais do garoto, muito abalados, foram à delegacia mais próxima da casa deles acompanhados de familiares e acionaram a polícia no mesmo dia em que Dedê sumiu.

Os policiais Mendes e Teixeira ouviram com interesse e atenção a família aflita. Procurando acalmar a todos, trataram de orientá-los sobre o que deveriam fazer.

Explicações passadas, deram à família uma cópia do texto do Cadastro Nacional de Pessoas Desaparecidas (CNPD), um resumo dos passos a dar e do que fazer em situação de desaparecimento de pessoas.

Depois de ir à delegacia de polícia, os pais continuaram as buscas em hospitais e prontos-socorros, clínicas, resgate do corpo de bombeiros e no Instituto Médico Legal (IML).

Mas cadê Dedê?

Teixeira
POLÍCIA

6. Ajuda para encontrar Dedê

Dois dias se passaram sem informação nenhuma sobre Dedê. A falta de notícias só servia para aumentar a angústia dos pais e familiares.

Na sede da Organização Não Governamental (ONG) da cidade, que ajudava a encontrar crianças desaparecidas, acontecia um evento. Quem fazia a palestra do dia era o professor Marcos, que dava aulas na escola onde Abigail era merendeira.

Oderval e Abigail sentaram no fundo da sala e esperaram o professor terminar a palestra para conversar com ele. O professor comentava, naquele momento, algumas manchetes de jornal e revistas e mostrava cartazes de campanhas contra a violência a crianças.

– Existe uma mobilização de alcance nacional e internacional para acabar com a violência contra as crianças – dizia o professor. – Jornais, revistas, internet e televisão vêm denunciando desaparecimentos e anunciando as pessoas desaparecidas. Um exemplo de resultado positivo foi a campanha feita por uma novela de tevê, vista por muita gente em todo o país, que ajudou uma criança a ser encontrada.

E o professor Marcos continuava:

– As ONGs estão bastante envolvidas em ações para acabar com o tráfico de crianças e dar assistência àquelas que foram vítimas desse crime terrível. Nossa ONG, por exemplo, realiza várias ações para que as crianças sejam mais facilmente encontradas em caso de desaparecimento ou sequestro.

- Incentivo aos pais para que providenciem a carteira de identidade dos filhos, atitude que permite localizar uma criança perdida com mais facilidade.
- Campanhas de conscientização sobre os cuidados necessários com as crianças, especialmente as bem pequenas, em ambientes lotados, como supermercados e *shoppings*, entre outros.
- Campanhas de prevenção contra o desaparecimento de crianças pequenas nas praias, no início do verão, com a distribuição de pulseiras de identificação.
- Divulgação, a todo momento, da importância de fazer sem demora a denúncia do desaparecimento de uma criança.

– Encerrando essa conversa, não se esqueçam de que:

> *"A criança gozará de proteção contra quaisquer formas de negligência, crueldade e exploração. Não será jamais objeto de tráfico, sob qualquer forma. [...]"*
>
> *Declaração dos Direitos da Criança, Princípio 9, 1959.*

A ansiedade que tomava conta de Oderval e Abigail fazia a palestra durar uma eternidade. Finalmente, quando o professor acabou de falar, Abigail se aproximou e o cumprimentou:

– Boa noite, professor. Lembra de mim? Sou merendeira na escola onde o senhor dá aulas. Ouvi falar do seu trabalho para encontrar crianças desaparecidas e... – Abigail desandou a chorar e não pôde falar mais nada, engasgada com as lágrimas.

– Sim, mas o que aconteceu? – perguntou o professor preocupado.

– Professor, sou Oderval, marido da Abigail. Nosso filho Dedê, nosso menino... – disse emocionado – está desaparecido já faz dois dias! Desapareceu perto do estádio de futebol onde vendo pipoca. Já fizemos um BO na delegacia do bairro e achamos importante procurar ajuda nesta ONG também. Será que pode nos ajudar?! – perguntou desesperado.

– Claro que sim! – respondeu.

Depois de ouvir o relato do pai de Dedê, o professor Marcos convocou os integrantes da ONG, e todos se dispuseram a ajudar na busca do garoto.

7. A busca

Sem saber ao certo por que e como Dedê havia desaparecido, foram usados todos os recursos disponíveis para encontrar o menino.

Um dos primos de Oderval, que trabalhava numa gráfica, conseguiu com o chefe a impressão gratuita de cartazes com a foto de Abderval (Dedê) e a indicação do Disque Denúncia 100 para contato. Os cartazes ficariam prontos na manhã do dia seguinte.

O **Disque Denúncia Nacional**, ou **Disque 100**, é [...] um canal de comunicação da sociedade civil com o poder público, que possibilita conhecer e avaliar a dimensão da violência contra crianças e adolescentes e o sistema de proteção, bem como orientar a elaboração de políticas públicas.

[...]

O Disque 100 funciona diariamente das 8h às 22h, inclusive nos fins de semana e feriados. As denúncias recebidas são analisadas e encaminhadas aos órgãos de proteção, defesa e responsabilização, de acordo com a competência e as atribuições específicas [...].

Histórico Disque 100

O Disque Denúncia foi criado em 1997 por organizações não governamentais que atuam na promoção dos direitos das crianças e dos adolescentes. Foi em 2003 que o serviço passou a ser de responsabilidade do governo federal [...] a cargo da Secretaria de Direitos Humanos, criada no mesmo ano, vinculada à Presidência da República.

Extraído do site: <www1.direitoshumanos.gov.br/spdca/exploracao_sexual/Acoes_PPCAM/disque_denuncia>. Acesso em: 15 jan. 2013.

Assim que os cartazes estivessem prontos, poderiam ser distribuídos não só pelas ruas por onde Dedê passara antes de desaparecer, mas também pelos locais movimentados da cidade, como rodoviárias e estações de trem e metrô. Para isso, precisariam de voluntários.

– Vamos ligar para todos os parentes da família, inclusive os mais distantes, e para os amigos também – disse o professor Marcos. – Todo mundo que conhece Dedê e que quiser ser voluntário pode ajudar na busca. Quanto mais gente, melhor!

No dia seguinte, cerca de 40 pessoas entre amigos e parentes compareceram à sede da ONG para ajudar na busca. Segundo o professor Marcos, era importante fazer buscas no local onde Dedê havia desaparecido. Assim, ele não perdeu tempo: imediatamente organizou os voluntários e orientou cada equipe a perguntar pelo Dedê tanto às pessoas que estiveram no local na hora do sequestro como às que passaram por ali depois.

Munidos de cartazes com a foto do garoto desaparecido, os membros de cada equipe saíram à luta, fazendo buscas a pé em terrenos baldios, em obras de construção e em casas abandonadas por onde Dedê pudesse ter passado. Mostravam a foto e descreviam as roupas que ele usava quando sumiu.

Voltaram também no dia seguinte, no horário do desaparecimento, e fizeram as mesmas perguntas a outras pessoas, na esperança de encontrar pistas.

Foi o que aconteceu! Duas pessoas, um homem e uma menina adolescente, que estavam na fila do carrinho de pipoca de Oderval no momento em que Dedê saíra de perto do pai reconheceram o menino da foto no cartaz. Relataram o que viram naquele dia, fazendo uma descrição do homem que abordara o garoto e do carro que ele havia utilizado: uma *van* escura.

No dia seguinte, Marcos consultou as chamadas do Disque Denúncia 100 para ver se havia alguma informação sobre Dedê. Graças aos cartazes distribuídos com a foto dele, várias ligações foram registradas. Essas pistas ajudavam a determinar a localização de Dedê com mais critério.

E a busca continuava...

Cinco dias depois do sequestro, um sorveteiro conhecido como seu Zé procurou a polícia e contou o que vira. Ele estava na rua bem na hora em que Dedê caminhava com o homem desconhecido. Quando seu Zé soube que se tratava de um sequestro, não conseguia tirar da cabeça a cena: o menino sendo levado por um estranho em uma *van*.

Na delegacia, os policiais Mendes e Teixeira, encarregados do caso, tomaram o depoimento do seu Zé, que descreveu com detalhes o homem e a *van* que levara o menino.

8. A angústia da espera

Uma semana de sequestro...

Abigail, Oderval, a família e os amigos se angustiavam sem notícias.

Oderval se culpava pelo desaparecimento do filho e repetia a todo momento, aflito:

– E o Dedê? Cadê ele, gente?

Enquanto isso, longe dali, no cativeiro, Dedê vivia momentos de angústia pensando no que poderia acontecer com ele.

No quarto onde esconderam o menino, só havia uma cama improvisada e um *videogame* bem velhinho em cima de uma mesa – era a sua única diversão, e ele deve ter jogado umas mil vezes o mesmo jogo!

A janela do quarto ficava o tempo todo fechada e trancada com um cadeado. Ele já não via a luz do Sol há muito tempo.

Todos os dias alguém levava comida para ele. O maior medo do garoto era sofrer algum tipo de violência física. Graças a Deus isso não aconteceu.

Quando precisava ir ao banheiro, batia na porta, que ficava trancada por fora, e chamava o homem que o sequestrou.

Um dia, quando foi ao banheiro, escutou o sequestrador conversando com alguém pelo celular. Embora ele falasse muito baixo, Dedê conseguiu ouvir o que dizia.

Foi nesse dia que descobriu o que o tal homem pretendia: QUERIA VENDÊ-LO!

9. Eu não sou pipoca!

Dedê estava confuso e muito assustado com o que acabara de ouvir. Mesmo assim pensava em fazer alguma coisa.

– Senhor! – chamou Dedê. – Como é o seu nome?

– Para que quer saber? – respondeu o sequestrador, de modo grosseiro.

– Assim fica mais fácil para a gente conversar... – disse Dedê, respirando profundamente.

– E por acaso você acha que tenho alguma coisa para conversar com você, moleque? – perguntou o homem.

– Estou aqui sozinho faz algum tempo e gostaria de falar com alguém – disse Dedê.

– Você é mesmo insistente. Tudo bem... Pode me chamar de Ariovaldo. Mas fale logo o que quer conversar comigo. Seja rápido, porque não tenho tempo a perder!

– Obrigado! – disse Dedê menos nervoso. – O que eu queria dizer para o senhor é que EU NÃO SOU PIPOCA!

– O quê? Como assim? – quis saber Ariovaldo.

– Meu pai é um vendedor de pipoca, e ele faz isso muito bem. É só ver o monte de fregueses que ele tem. Vender pipoca num carrinho é uma coisa, agora vender pessoas é bem diferente!

– Por que está dizendo isso? – perguntou Ariovaldo. – Quem falou uma coisa dessas para você, menino?

– Ouvi o senhor falar no celular quando eu estava no banheiro. Sei que o senhor quer me vender para alguém... Eu escutei tudo!

– Pois já que ouviu a conversa fique sabendo que é isso mesmo! E estou quase fechando o negócio, só falta acertar o preço. Ô garoto, não sequestrei você só para a gente fazer um passeio... – disse o homem sem paciência.

– Será que o senhor pensa que vender pipoca ou vender gente é a mesma coisa?

– Pois fique sabendo que, para mim, vender pipoca ou vender um menino é tudo igual! – disse Ariovaldo.

– O senhor tem filhos? – perguntou Dedê, mudando de assunto.

– Tenho sim; um menino de 9 anos.

– E se alguém fizesse com ele o que o senhor está fazendo comigo? Acho que estaria desesperado e muito preocupado, assim como os meus pais. Acha certo fazer isso? E o que é mais triste é que o senhor nem se importa em saber o que vai acontecer comigo.

– Ora... – murmurou Ariovaldo desconcertado.

– Seu Ariovaldo, quero muito voltar para casa e encontrar os meus pais, a minha família. Me deixe ir embora! – pediu Dedê com lágrimas nos olhos.

– Bem, para dizer a verdade, não gosto nada do que estou fazendo.

Nunca sequestrei ninguém antes. – E sabe, isso que você disse sobre o meu filho me fez pensar...

– Por que faz isso, seu Ariovaldo?

– Por dinheiro, é claro!

– E seu filho sabe o que o senhor faz? – Dedê quis saber.

– Eu nunca contaria para ele!

Ficaram em silêncio por algum tempo. Perturbado com o pedido de Dedê, Ariovaldo finalmente resolveu soltar o garoto.

– Menino, você me convenceu – disse. – Venha, vou deixar você na praça aqui perto, e pode pedir ajuda.

– É mesmo?! – Dedê perguntou muito animado.

Ariovaldo levou o menino até a praça e o deixou sentado em um banco.

– Pode me dizer se estou longe de casa?

– Está, sim... – disse Ariovaldo. – Vou deixar você aqui e vou cair fora, antes que a polícia me encontre!

Dedê olhou para o Ariovaldo e lembrou de uma frase que ouviu em algum lugar: [...] *haverá alegria no céu por um pecador que se arrepende* [...] (Lucas, 15, 7). E desejou muito que o Ariovaldo entendesse que estava no caminho errado e que mudasse de vida logo, antes que fosse tarde demais para ele.

Dedê se sentiu meio tonto e perdido, não era para menos, sentado ali naquela praça num lugar desconhecido.

Mas finalmente estava livre! Era o fim do sequestro e do sofrimento do menino e de todos os seus familiares e amigos que o amavam.

Livre para voltar à vida alegre de criança!

A polícia continuava as buscas sem parar. Sabia que cada minuto representava maior chance de encontrar Abderval são e salvo.

Sem pistas sobre o local onde o sequestrador poderia ter escondido o menino, os policiais resolveram checar as informações deixadas no Disque Denúncia. Deu certo! A pista apareceu com a ligação anônima de um morador da vizinhança onde Dedê estava preso. Alguns dias antes, essa pessoa tinha visto um garoto descer de uma *van* escura próximo de uma praça. Achando que poderia ser o tal garoto sequestrado que vira em cartazes, telefonou imediatamente para a polícia, informando o nome da praça e do bairro.

Sem demora, os policiais partiram em busca do garoto. A toda velocidade e com as sirenes ligadas, as viaturas dirigiram-se para o local indicado e lá encontraram Dedê na praça onde Ariovaldo o deixara.

Depois de algum tempo, Dedê já estava em casa, festejando o reencontro com a família. Emocionado e muito feliz, não parava de abraçar seus pais e irmãos.

10. Epílogo: protegido

Para impedir esse tipo de violência contra as crianças, é preciso que governo, ONGs e famílias trabalhem em conjunto. Todos podem contribuir para ajudar a acabar com o tráfico de crianças.

Os pais de Dedê agiram de forma correta para encontrar o filho. Acionaram a polícia, seguiram a orientação dos policiais e procuraram a ONG do professor Marcos, especializada na busca de desaparecidos. Orientados por esse amigo, deram os passos certos para resolver aquela situação tão desesperadora.

Abigail, Oderval, os filhos e familiares não tinham como saber o resultado das buscas nem quando aquele desespero acabaria, se é que acabaria... Ninguém tinha certeza se Dedê seria encontrado e se estava bem. Todos, porém, reconheciam que ele só foi encontrado tão depressa e ileso porque foram seguidos os passos corretos para a busca.

A prova de fogo pela qual Dedê passara transformou toda a família. Todos tomaram a decisão de fazer parte da ONG do professor Marcos e de fazer por outras crianças o que haviam feito por Dedê. Ele trabalharia na ONG, sim! Como mascote da turma, é claro...

A história de Dedê teve um final feliz. Não é à toa que seu nome, Abderval, signifique “protegido por Deus”.

Sugestões de *sites*

Publicações governamentais disponíveis em *sites*.

Reprodução

Estatuto da Criança e do Adolescente
<www.frg.com.br/media/Estatuto_Crianca_e_Adolescente.pdf>

Reprodução

Manual sobre o protocolo facultativo relativo à venda de crianças, prostituição infantil e pornografia infantil
<www.unicef-irc.org/publications/pdf/optional_protocol_por.pdf>

Reprodução

Plano Nacional de Enfrentamento ao Tráfico de Pessoas
<www.unodc.org/pdf/brazil/publicacoes/PlanoNacionalTP.pdf>

Reprodução

Cartilha do projeto de prevenção à exploração sexual de crianças e adolescentes no turismo
<http://pt.scribd.com/doc/55670031/Cartilha-de-Prevencao-a-Exploracao-Sexual-de-Criancas-e-Adolescentes-no-Turismo>

Impresso no Parque Gráfico da Editora FTD
Avenida Antonio Bardella, 300
Fone: (0-XX-11) 3545-8600 e Fax: (0-XX-11) 2412-5375
07220-020 GUARULHOS (SP)